ANNALES DU MUSÉE GUIMET

REVUE
DE
L'HISTOIRE DES RELIGIONS

PUBLIÉE SOUS LA DIRECTION DE

M. JEAN RÉVILLE

AVEC LE CONCOURS DE

MM. A. BARTH, de l'Institut ; A. BOUCHÉ-LECLERCQ, professeur à la Faculté des lettres de Paris ; P. DECHARME, professeur à la Faculté des lettres de Paris ; J.-A. HILD, professeur à la Faculté des lettres de Poitiers ; G. LAFAYE, maître de conférences à la Faculté des lettres de Paris ; G. MASPERO, de l'Institut, professeur au Collège de France ; Albert RÉVILLE, professeur au Collège de France ; C.-P. TIELE, professeur à l'Université de Leyde, etc.

F. PICAVET

LES

RAPPORTS DE LA RELIGION

ET DE

LA PHILOSOPHIE EN GRÈCE

PARIS
ERNEST LEROUX, ÉDITEUR
28, RUE BONAPARTE, 28
1893

La REVUE DE L'HISTOIRE DES RELIGIONS paraît tous les deux mois, par fascicules in-8 raisin, de 8 à 10 feuilles d'impression.

Prix de l'Abonnement annuel : Paris . . . . 25 fr.
— — Départements . . . 27 fr. 50
— — Étranger . . . . . . 30 fr.
Un numéro pris au Bureau . . . . 5 fr.

TARIF DES ANNONCES

Une page . . . . 30 fr.
Une 1/2 page . . . . 20 fr.

Tous les ouvrages envoyés à la Revue y seront annoncés, et, s'il y a lieu, analysés.

La Revue est purement historique; elle exclut tout travail présentant un caractère polémique ou dogmatique.

Prière d'adresser tous les ouvrages destinés à la Revue à M. JEAN RÉVILLE, directeur de la Revue de l'Histoire des Religions, chez M. Leroux, éditeur, 28, rue Bonaparte, à Paris.

LES
RAPPORTS DE LA RELIGION
ET DE
LA PHILOSOPHIE EN GRÈCE

ÉPICURE FONDATEUR D'UNE RELIGION NOUVELLE

Pendant longtemps, les religions n'ont guère été étudiées que par leurs partisans, pour en faire l'apologie, ou par leurs adversaires, pour en faire la critique. De nos jours, on a vu combien il importe de les connaître pour expliquer la marche de la civilisation. Sans elles on ne comprend ni la vie privée, ni la vie publique, ni les productions artistiques ou littéraires. Avec elles on a restitué, dans leur vivante complexité, les institutions de la cité antique, on a expliqué les origines et le développement de la peinture, de la sculpture et de l'architecture dans l'Égypte et l'Orient, on a suivi les phases diverses des genres littéraires dans l'ancienne Grèce. Mais dans certains pays et chez certains peuples, plus favorisés que d'autres au point de vue spéculatif, l'influence des religions ne s'est pas exercée seule : les sciences et la philosophie se sont développées à côté d'elles et, dans des mesures diverses, quelquefois difficiles à déterminer, ont contribué à donner à ces peuples leur civilisation spéciale. Fort souvent l'attention des historiens s'est portée sur les conflits qui sont nés de la rivalité entre ces différents facteurs ; on en a fait soigneusement l'histoire avec des intentions fort opposées, sans se demander si ces conflits ne tenaient pas plus à l'intolérance des hommes qu'à une antinomie réelle entre les formes diverses par lesquelles on résout les questions. Souvent aussi, et en songeant plus spécialement au christianisme qui s'est assimilé les affirmations les plus importantes de la philosophie grecque, on a examiné l'influence des philosophies sur les religions et montré que presque toujours elles les avaient heureusement modifiées, sinon transformées. Mais il ne faudrait pas oublier qu'inversement les religions ont beaucoup agi sur les conceptions philosophiques et que, de ce fait, elles ont eu une influence dont on ne tient presque jamais compte, quand on porte sur elles un jugement d'ensemble. A coup sûr, une telle assertion serait inexacte pour une philosophie exclusivement scientifique, telle que nous la voyons peu à peu se constituer sous nos yeux. Mais elle est absolument incontestable pour bon nombre de systèmes contemporains et pour tous ceux qui, comme le kantisme, le leibnitzianisme, le cartésianisme, ont conservé des doctrines métaphysiques, sorties antérieurement des théologies positives. A plus forte raison en est-il de même pour les philosophies qui ont successivement apparu dans le monde grec, depuis Thalès jusqu'à Proclus et ses derniers successeurs.

On est unanime à penser, qu'en Grèce, la philosophie est née de la mythologie homérique et surtout hésiodique. Elle s'est proposé de résoudre les questions d'origine, de nature et de destinée auxquelles répondait la religion et elle a toujours eu avec elle d'intimes rapports. Sans doute, elle n'a pas été une reproduction pure et simple de la mythologie — on l'a suffisamment montré — mais elle en évoque constamment le souvenir. Ainsi selon Thalès toutes choses sont pleines de dieux, et l'eau, dont il fait tout sortir, rappelle l'Océan et la Téthys de la *Théogonie*. Héraclite est pour Teichmüller un pur théologue qui, par ses origines, ses tendances et ses affirmations, se distingue profondément des physiciens ioniens.

Parménide est mené par des cavales que guident les vierges, filles du Soleil, vers la Divinité qui conduit partout l'homme instruit. Les nymphes obtiennent de la Justice vengeresse qu'elles lui ouvrent la porte des chemins du jour et de la nuit. La déesse le reçoit avec bienveillance et lui parle, comme le font dans l'*Iliade* et l'*Odyssée*, celles qui s'adressent aux mortels, dont elles daignent prendre soin.

Empédocle, qui admet quatre éléments dont toutes choses se forment sous l'action de l'amitié et de la haine, expose parfois ses doctrines avec des expressions mythologiques. Il y a, dit-il, quatre racines des choses : Zeus brillant, Héré vivifiante, Aïdôneus et Nestis qui alimente la source des larmes humaines.

Il n'est presque pas un dialogue de Platon où n'entrent des mythes qui servent de fondement à sa philosophie.

Aristote lui-même tient compte des antiques traditions et essaye plus d'une fois d'établir que sa doctrine les explique et les complète.

Mais tenons-nous en à la théologie des philosophes, qui appelle surtout la comparaison avec la mythologie. Presque tous combattent les dieux populaires tels que les figurent les poèmes d'Homère, d'Hésiode et les traditions : pour les uns, Xénophane, Pythagore, Platon, ces dieux sont trop imparfaits. Pour d'autres, ces êtres de création toute humaine représentent soit les phénomènes physiques, célestes ou psychologiques, soit des hommes puissants ou des choses utiles; enfin ils ont servi à donner aux lois qui réglaient les rapports des citoyens une suprême sanction. Si quelques-uns mettent en doute l'existence des dieux ou même si d'autres nient expressément qu'ils existent, il en est qui, comme Antisthène, les remplacent par un Dieu unique, à vrai dire physique ou naturel, selon l'expression de Cicéron. Il en est comme Anaxagore, Socrate, Platon, qui admettent un seul Dieu, distinct de la nature à laquelle il donne l'ordre, sinon l'existence, et ils cherchent à le concevoir aussi parfait que possible. Avec les poètes, surtout avec Eschyle et Pindare, ces philosophes épurent la religion et lui assurent ainsi une influence nouvelle [1].

I

Mais c'est surtout dans la période hellénique et gréco-romaine, qui s'étend depuis la mort d'Alexandre jusqu'à la séparation des

---

1) Sur les théories théologiques des philosophes antérieurs à Épicure, cf. notre *De Epicuro novæ religionis auctore sive de diis quid senserit Epicurus*

empires d'Orient et d'Occident, que les philosophies se rapprochent des religions, de telle sorte qu'il est souvent impossible de distinguer les unes des autres.

Les circonstances dans lesquelles se produisirent les philosophies postérieures au péripatétisme nous expliquent *a priori* qu'il dut en être ainsi. Après les guerres médiques, Sparte et Athènes avaient consumé leurs forces dans une lutte fratricide ; Athènes, la première, avait été ruinée. Sparte à son tour avait été vaincue par Thèbes, et celle-ci détruite par Alexandre.

C'est en vain qu'Agis, roi de Sparte, essaye de lutter, les Grecs sont sous le joug des Macédoniens, ἐν βασιλεῖ, dit Aristote, τὰ τῶν Ἑλλήνων.

A la nouvelle de la mort d'Alexandre, les Athéniens tentent de reconquérir leur indépendance, mais ils sont vaincus et Démosthène est obligé de s'empoisonner pour ne pas tomber vivant entre les mains du vainqueur. Puis c'est Phocion qui est condamné à mort; ensuite Démétrius de Phalère gouverne Athènes au nom de Cassandre. Démétrius Poliorcète le remplace. Ce qui se passe pour Athènes a lieu pour les autres cités : elles peuvent changer de maître, elles ne se dirigent plus elles-mêmes. Mais si les Grecs étaient privés de leur liberté, c'est qu'ils n'avaient pas été défendus par leurs dieux, comme au temps des guerres médiques, où ils avaient affaire cependant à un ennemi bien plus formidable. Ajoutez que les dieux ne semblent prendre aucun souci des fourberies dont Philippe est coutumier, des exécutions sanguinaires ordonnées par Alexandre, des assassinats qui remplissent toute cette période : plus les hommes sont criminels et injustes, plus il semble que la fortune leur soit favorable. Des dieux indifférents ou des dieux impuissants ne méritent aucun culte : c'en est fait de l'antique croyance.

La vie des Grecs avait été jusque-là réglée en grande partie par la religion et par les institutions qu'ils s'étaient données, il

---

Paris, Alcan, 1888, p. 29 à 38. Nous nous bornerons, pour les points qui préparent la démonstration de notre thèse sans y être essentiels, à renvoyer à cet ouvrage où ils ont été traités aussi complètement que nous l'avons cru nécessaire.

fallait désormais d'autres règles. Les uns les demandent à des religions nouvelles, d'autres espèrent les obtenir des philosophes. Esculape qui occupait autrefois un rang secondaire devient un dieu de premier ordre. Ce n'est plus seulement la santé qu'on lui demande : il est invoqué par les soldats, les matelots, puis par les hommes de toutes conditions qui en font un véritable démiurge [1]. Des dieux étrangers s'introduisent en Grèce, Sabazius, Cotytto, Astarté, Adonis, Isis, etc. Pour se concilier ces nouveaux dieux, auxquels on n'attribue ni justice, ni bonté, on a recours à des prières, à des sacrifices, on fait appel à des intermédiaires de toute espèce. La superstition remplace la religion et ne saurait, comme celle-ci pendant la période attique, satisfaire les esprits réfléchis. C'est pour eux que travaillent les philosophes, dont, par conséquent, les doctrines doivent être propres à remplacer les croyances disparues : de là des ressemblances entre les unes et les autres.

Ainsi le stoïcisme n'est guère, dans sa physique et sa métaphysique, qu'une interprétation naturaliste de l'ancienne religion, à laquelle il veut par là rendre une vie nouvelle. L'hymne plein de grandeur de Cléanthe à Jupiter et le second livre du *De natura deorum* de Cicéron; les lettres de Sénèque, qui cherche, comme les chrétiens, le salut des hommes; le Manuel d'Épictète, adopté plus tard par les solitaires de la Thébaïde et l'admirable Louange à Dieu où, vieux et infirme, le philosophe croit, en se comparant au rossignol et au cygne, faire son métier d'homme raisonnable quand il chante la Divinité, suffisent amplement à témoigner du caractère plus religieux peut-être encore que philosophique du stoïcisme. Qu'on se rappelle d'ailleurs l'évolution des doctrines aux premiers siècles de l'ère chrétienne : les néo-pythagoriciens et les *Vers dorés* qu'on attribuera au maître; Apollonius de Tyane, dont on fera un rival de Jésus-Christ; Plotin et ses successeurs chez lesquels la théurgie prendra une si grande place; l'empereur Julien et ses tentatives pour régénérer l'ancienne religion en s'inspirant de la philosophie. On sera convaincu que les sec-

---

1) Paul Girard, *L'Asclépéion d'Athènes*. Paris, 1881.

tes philosophiques sont bien souvent alors, à proprement parler, des sectes religieuses.

Restent deux écoles pour lesquelles, semble-t-il, une telle conclusion est inacceptable : celle de Pyrrhon et celle d'Épicure. Pour la première, nous n'avons pas de documents suffisants. Toutefois, ceux que nous possédons sont loin de contredire une pareille assertion. Pyrrhon fut grand prêtre à Élis ; Timon, comme plus tard Lucrèce, compare son maître à un dieu. Enfin dans un document sur lequel nous avons appelé autrefois l'attention [1], un certain Ménéclès s'intitule chef de la poésie lyrique en Grèce et *pyrrhoniaste*. Or M. Foucart, dans son étude sur les associations religieuses en Grèce, a montré que si les thiases et les éranes étaient les termes génériques qui désignent tous les membres de ces associations, chacune d'elles se distinguait par un nom particulier, régulièrement formé du nom ou d'une épithète de son dieu et du suffixe στxι. Le terme *pyrrhoniaste*, dont Ménéclès se sert, au lieu d'employer comme les disciples que nous connaissons, celui de Pyrrhonien, Πυρρώνειος, n'indique-t-il pas qu'il s'agit d'un collège analogue à celui des Sarapiastes, par exemple? Sans doute, M. Foucart pense qu'il faut distinguer les associations religieuses de celles dont les membres prenaient pour patrons des rois, comme Démétrius Poliorcète, et celles que formaient les disciples de certains philosophes pour prouver leur enthousiasme à l'égard du maître dont ils faisaient un dieu comme les *Diogénistes* (Διογενισταί), les *Antipatristes*, les *Panétiastes*. Mais il ne donne aucune raison pour justifier cette distinction, que rien n'autorise à faire dans le texte d'Athénée. Au contraire, nous savons que Démétrius Poliorcète, par exemple, eut son culte organisé à Athènes comme celui des dieux nouveaux et, jusqu'à preuve du contraire, il n'est pas invraisemblable, pour ne pas dire plus, d'admettre qu'Athénée assimile, en raison du but poursuivi, les thiases, les éranes aux associations d'*Antipatristes*, de *Diogénistes* et, ajouterons-nous, de *Pyrrhoniastes*.

---

[1] Académie des sciences morales et politiques, 1887 : *Un document important pour l'histoire du Pyrrhonisme*.

Mais, pour Épicure, les textes suffisent amplement à démontrer qu'il faut en faire bien plus un fondateur de religion qu'un philosophe.

II

Épicure a-t-il une théorie sur les dieux, une théologie ? Cette théologie est-elle plus religieuse que philosophique ? Telles sont les deux questions que nous avons à résoudre.

Mais d'abord il importe d'indiquer brièvement ce qui distingue une religion d'une philosophie [1].

S'il s'agissait de séparer la philosophie scientifique du mahométisme, on dirait que la première s'appuie exclusivement sur des observations et des expériences, pour établir ses généralisations et édifier ses hypothèses, tandis que le second demande au Coran la solution des questions qu'il se pose et même n'en soulève guère d'autres. Par conséquent, ni le contenu, ni la méthode ne sont identiques. Mais pour les philosophies qui, comme les religions, déterminent l'origine radicale du monde, la nature ultime et la destinée future de l'homme, qui ont une théologie, une cosmologie et une psychologie métaphysique intimement unies, il n'y aura plus lieu d'établir une distinction par le contenu. Seule, la méthode différera. La religion s'appuiera sur une tradition ou sur une révélation, elle aura pour objet des croyances, et supposera la foi. La philosophie voudra donner des vérités et elle se servira de la science, mais plus souvent du raisonnement. Sans doute, si l'on considère le christianisme et les philosophies qui s'y rattachent, il est plus difficile de les distinguer, parce que les théologiens ont fait quelquefois une part si grande au raisonnement que la foi n'a plus qu'une importance secondaire : ainsi le *Monologium* et le *Proslogium* sont tout autant d'un philosophe que d'un théologien. Toutefois les orthodoxes les plus enclins à user du raisonnement, à voir, dans la philosophie, une auxiliaire

---

1) C'est ce que M. Lévêque nous reprochait de n'avoir pas fait suffisamment, dans le *Journal des Savants* de mars 1893, p. 187-188, en signalant le travail que nous avons rappelé plus haut.

de la théologie, ont maintenu nettement la séparation entre les deux domaines : la *Somme* de théologie de saint Thomas porte sur les mystères et place la foi au point de départ ; sa *Somme* de philosophie fait partout appel au raisonnement. De même les philosophes qui sembleraient partir de la foi ont pris soin de se distinguer des théologiens, en montrant que l'acte de foi est chez eux le résultat de raisonnements ultérieurs qui sont incontestables et sans lui n'auraient plus de valeur : ainsi Kant *postule*, à la façon d'Euclide, le devoir, la liberté, l'immortalité de l'âme et l'existence de Dieu.

En résumé, les religions se réclament de la foi ; les philosophies, de la raison ; les sciences, qui ont pour objet la connaissance du monde réel, de l'expérience. De ces trois modes de penser découlent des règles pour la pratique. A la première s'ajoute d'ordinaire un culte qui, par des fêtes, des cérémonies et des prières, exprime d'une façon sensible les rapports de l'homme avec la Divinité : ainsi les doctrines intellectualistes de Voltaire ou sentimentales de Rousseau sont devenues, au temps de Robespierre, la religion de l'Être suprême.

En Grèce, la différence est nettement tranchée, si l'on compare, par exemple, l'*Iliade*, l'*Odyssée* et la *Théogonie* au XIIe livre de la *Métaphysique* d'Aristote. Dans les premiers, on se trouve en présence d'affirmations que leurs auteurs ne cherchent nullement à justifier : il existe tel dieu et telle déesse, ils ont des attributs déterminés, ils interviennent dans la production des phénomènes naturels ou dans les affaires humaines, sans que leur intervention soit justifiée toujours par de bonnes raisons ; ils se conduisent eux-mêmes de telle façon que Xénophane et ses imitateurs pourront leur adresser les plus vives critiques. Il en est tout autrement chez Aristote. Sa *Métaphysique* s'appuie sur une connaissance fort étendue, sinon toujours exacte, du monde réel. Sa théologie en est le couronnement. Il se sert des recherches de ses prédécesseurs pour mieux poser les questions ; il examine toutes les difficultés qu'ils ont soulevées, et même cherche à résoudre celles auxquelles ils n'ont pas songé. Ses conclusions reposent sur des raisonnements si rigoureux, si complets dans

III

Nous pouvons maintenant aborder l'examen des deux questions que nous avons à résoudre.

D'abord y a-t-il réellement une théologie épicurienne ? On l'a contesté.

Considérons les œuvres d'Épicure ou de ses disciples [1] que nous connaissons, ou en entier, ou par fragments, ou même seulement par les titres.

Épicure avait écrit des livres sur les dieux, sur la sainteté et sur la piété. Dans son traité sur le *Destin*, il était encore question de théologie ; il vaudrait mieux, y disait-il, s'en rapporter aux croyances populaires qu'admettre le destin des physiciens. De toutes ses œuvres aujourd'hui perdues, il avait fait deux résumés pour ceux qui ne pouvaient les lire dans leur ensemble. Le premier comprenait les lettres à Hérodote, à Pythoclès et à Ménécée, conservées par Diogène Laërte. La troisième est un abrégé de sa morale, les deux autres reproduisent les doctrines essentielles de la physique. Dans toutes, il s'agit des dieux : ils n'ont ni créé, ni ordonné le monde, ce sont des modèles que nous devons imiter pour être heureux. Vraisemblablement, il était question des dieux dans tous les ouvrages d'Épicure qui portaient sur la morale et la physique.

Il y a plus, Épicure avait songé à ceux qui seraient incapables de retenir par cœur les lettres à Hérodote, à Pythoclès et à Ménécée. Pour eux, il avait condensé sa doctrine en quarante-quatre maximes qu'on pouvait inscrire sur les murs des appartements [2],

---

[1] Sur les œuvres d'Épicure, sur celles de ses disciples et sur les raisons que nous avons d'en rapporter les doctrines au maître, cf. *De Epicuro novæ religionis auctore*, p. 9 à 29.

[2] C'est ainsi que M. Cousin a publié dans le *Bulletin de Correspondance hellénique* une inscription relevée à OEnoanda, qui se trouvait peut-être sur le mur d'un portique et qui reproduit en partie les κύριαι δόξαι.

afin de les avoir sans cesse sous les yeux et d'y conformer sa conduite. La première est consacrée aux dieux et semble ainsi montrer qu'Épicure faisait de la théologie le point de départ de sa doctrine.

Les disciples immédiats d'Épicure, Polyænus, qui avait été son maître, Métrodore, Hermarchus, Colotès, ont traité des dieux. Amafinius, un des premiers Romains qui adoptèrent le système, s'occupa surtout de physique et sans doute comme Épicure et comme Lucrèce des dieux. Zénon et Phèdre, les maîtres de Cicéron, Philodème, l'ami de Pison, ont aussi abordé la théologie. Il y a chez Lucrèce une théologie négative et une théologie positive. Enfin quand Cicéron compose le *De natura deorum*, il consacre un livre sur trois à l'exposition et à la critique de la théologie épicurienne.

Ainsi les documents bibliographiques nous amènent à affirmer *a priori* que l'école épicurienne a une doctrine sur les dieux, et que cette doctrine tient une place considérable dans l'ensemble du système.

Si maintenant nous nous demandons ce qu'est cette théologie, nous voyons qu'elle est aussi complète que celle des autres philosophies et des religions. En effet, Épicure cherche comment nous connaissons les dieux; il affirme qu'ils existent; il nous apprend quelle est leur nature, et il traite de leurs rapports avec le monde et avec les hommes. Enfin il expose nos devoirs envers les dieux. L'examen de ces divers points de l'épicurisme confirmera directement les assertions précédentes. Mais il nous en montrera le caractère et ainsi nous permettra de résoudre la seconde question que nous nous sommes posée.

IV

Comment connaissons-nous les dieux, et comment pouvons-nous affirmer qu'ils existent?

Comme les Grecs de l'*Iliade* et de l'*Odyssée*, comme ceux des guerres médiques, Épicure croit que les dieux nous apparaissent pendant le jour et quand nous veillons, mais surtout pendant la nuit et dans nos songes¹. Aussi affirme-t-il, dans la lettre à Ménécée, que nous les connaissons clairement, ἐναργής δ' ἐστιν αὐτῶν ἡ γνῶσις. La connaissance que nous en avons est analogue à celle des objets extérieurs. De ceux-ci, des simulacres se détachent, semblables à la peau qu'abandonne le serpent, ayant la même forme que les objets, et par les yeux pénétrant dans l'âme, où se fait la connaissance².

Toutefois il y a une différence : à proprement parler, ce n'est pas par les sens que nous connaissons les dieux, ce serait plutôt par l'âme³. Par l'intervention de la mémoire, ou si l'on veut, par l'action continuée de la nature sur nous, il se produit une anticipation ou πρόληψις qui constitue, selon les épicuriens, une notion des dieux, dite par eux *innata* — ce qui serait, pris à la lettre, une expression inexacte, puisqu'il ne saurait y avoir rien d'inné dans leur doctrine — et mieux *insita*, parce que ce terme indique nettement la façon dont elle se produit. La nature, dont l'action est uniforme, la donne à tous les hommes. Toutefois Épicure n'accepte pas tout ce que le vulgaire affirmait des dieux, en s'inspirant comme lui, des apparitions du sommeil ou de la veille ; les croyances populaires répondent à des ὑπολήψεις ψευδεῖς⁴ ; seule la πρόληψις est l'expression de la vérité.

Dès lors, les dieux existent. Les sceptiques distinguaient la sensation de la cause qui la fait naître en nous, et tout en la disant vraie subjectivement, ils ne se prononçaient pas sur l'exactitude de la connaissance objective dont on la fait suivre : le miel paraît doux, disaient-ils, nous ne savons pas s'il l'est réellement. La nouvelle académie niait qu'on pût passer de la première asser-

---

1) Cicéron, *De N. D.*, I., 36, 166; Lucrèce, V, 1166 sqq.; Sextus Emp., *Adv. Math.*, IX, 25.
2) Diog. Laërce, 48, 49 ; Lucrèce, IV, 88, 116; VI, 76, etc.; Gassendi, *Syntagma*, 47.
3) Diog. Laërce, X, 139; Lucrèce, V, 147; Cicéron, *De N. D.*, I, XLIII, 120; Ps. Plut., *De Pl. Ph.*, I, VII, 13; Stobée; Sextus, etc.
4) Voyez comment Lucrèce explique, par l'ignorance des phénomènes naturels et par la terreur qu'ils produisirent sur les premiers hommes, celles des croyances populaires que rejetait Épicure (I, 145 sqq.; II, 165 sqq. ; V, 1183 sqq.

tion à la seconde. Pour les stoïciens, certaines sensations ne nous renseignent pas exactement sur leurs causes, mais les représentations compréhensives, les καταλήψεις, donnent tout à la fois la vérité subjective et la vérité objective. Pour les épicuriens, il y a trois critériums, qui, au fond, n'en sont qu'un seul : les affections, pour la pratique; les sensations et les anticipations, pour la spéculation. Les dieux nous sont connus par les sensations et par l'anticipation à laquelle elles donnent naissance : ils existent donc. Le témoignage universel s'ajoute à celui de l'individu pour l'établir. C'est sur quoi insiste surtout l'épicurien Velléius, au premier livre du *De natura Deorum*, de Cicéron.

Une autre raison est en outre invoquée, qui deviendra par la suite un argument célèbre. Il semble que l'Athénien qui sans cesse a, sous les yeux, les admirables statues par lesquelles Phidias et ses émules avaient donné une vie nouvelle aux dieux d'Homère, n'ait pu se décider à refuser l'existence aux modèles dont ils s'étaient inspirés; la beauté ou la perfection qui se montre dans nos visions du jour ou de la nuit, qui apparaît plus clairement encore dans les chefs-d'œuvre des artistes, l'oblige aussi à admettre qu'il y a des dieux : *Placet enim Epicuro*, dit Balbus dans Cicéron (*De N. D.*, II, xvii) *esse deos, quia necesse sit præstantem esse aliquam naturam, qua nihil sit melius..... Quum enim convenire videatur præstantissimam naturam, id est beatam et sempiternam, simul pulcherrimam esse.* Ainsi Cicéron indique, avec autant de brièveté que de précision, qu'Épicure a entrevu ce qui deviendra, plus tard, l'argument ontologique avec saint Anselme, Descartes, Spinosa et Leibnitz. Celui qu'on représente souvent comme un impie et un athée est d'accord avec de véritables mystiques.

Que d'objections les philosophes ont élevées contre cette première partie de la théologie épicurienne !

D'abord, comment des dieux, qui, nous le verrons, ne devraient pas être corporels, émettent-ils des simulacres analogues à ceux qui s'échappent des objets matériels ? D'ailleurs, ils sont placés dans les intermondes, à l'abri du choc des atomes qui sont sans cesse en mouvement dans le vide : comment répareraient-ils les pertes qui résulteraient de ces émissions, et s'ils ne les réparent pas, comment peuvent-ils être éternels? Puis Épicure admet qu'il se forme dans les airs, par la rencontre fortuite des atomes, des simulacres qui produisent sur nous la même impression que ceux auxquels les objets réels ont donné naissance : comment savons-nous que les simulacres divins n'ont pas une semblable origine? Ensuite Épicure prétend distinguer les opinions populaires de ses affirmations, en disant qu'il ne conserve des premières que ce qui est vrai. Mais, lui dit Sextus (*Adv. Math.*, VII, 211), de quelle façon faites-vous cette distinction? A une objection analogue, les stoïciens répondaient : Ce qui est vrai des dieux se retrouve chez tous, et prend plus de force avec l'âge; au contraire, les opinions fausses comme celles qui portent sur l'existence des Centaures et des Chimères, perdent du terrain de jour en jour, et finissent par ne plus trouver de partisans. Mais il ne semble pas qu'Épicure se soit soucié de répondre. Croyez, disait-il dans son dédain pour la dialectique, (*De N. D.*, I, xxxii; Diog. L., X, 31), ce que j'affirme, vous aurez une vie heureuse ; laissez à l'écart les vaines difficultés qui n'ont d'autre objet que de satisfaire la curiosité.

C'est ainsi encore qu'il en usait pour une objection souvent reproduite depuis contre ceux qui invoquent le témoignage universel. Comment, dit Cotta, chez Cicéron, avez-vous connu les opinions des peuples? N'est-il pas vraisemblable qu'il y a des nations sauvages et barbares chez lesquelles on ne trouve aucune idée des dieux? Même chez les peuples civilisés, Diagoras, Théodore, Protagoras, les sacrilèges et les parjures, les impies et les athées, peuvent-ils être présentés comme ayant cru aux dieux?

Enfin, nous a-t-on dit, il y a une distance considérable entre l'affirmation d'Épicure : *il doit nécessairement y avoir une nature telle que rien de meilleur n'existe*, et les arguments si précis, si nourris, si compliqués même de saint Anselme ou de Leibnitz. Et cela est vrai, mais, comme toutes les autres objections, ne prouve en réalité qu'une chose : c'est qu'Épicure ne s'est point soucié de justifier sa théologie à la façon des philosophes ; comme les croyants, il affirme, et ne s'occupe que médiocrement de convaincre.

Ainsi, d'un côté, nous voyons qu'il faudra rapprocher sa doctrine des religions et même de celles qui font très peu de place au raisonnement. D'un autre côté, nous comprenons déjà aussi pourquoi les philosophes n'ont pas pris au sérieux sa théologie : c'est qu'elle était tout à fait différente de celles auxquelles ils étaient eux-mêmes habitués ; ils ne voyaient pas qu'Épicure, pour remplacer l'antique religion, avait donné une religion nouvelle.

V

Au début de la lettre à Ménécée, Épicure nous indique quelles règles il suit pour déterminer la nature des dieux. Il faut, avec l'opinion commune, accorder aux dieux l'éternité et la béatitude : tout ce qui répugne à l'une et à l'autre, on doit le leur dénier ; tout ce qui peut leur laisser l'une et l'autre, on doit le croire [1].

Il y a donc chez Épicure une théologie positive et une théologie négative. Par la première, il affirme ce que sont les dieux, par la seconde, il indique ce qu'ils ne sont pas.

On pourrait distinguer en eux une essence et des attributs. Leur essence, c'est d'être éternels et bienheureux : celui qui pense ainsi des dieux, vivra pieusement, puisque la perfection mérite nos hommages ; il sera délivré de la superstition, puisqu'il ne mettra dans les dieux ni colère, ni bienveillance. Leurs attributs, c'est tout ce qui est compatible avec leur éternité et leur béatitude. Ainsi les dieux ont la forme humaine, ils s'entretiennent entre eux ; peut-être même parlent-ils une langue qui se rapproche beaucoup du grec. Ils usent d'une nourriture spéciale et pour toutes ces raisons ne sauraient être insensibles ; comment, répète sans cesse Velléius, en faisant la critique des philosophes, ce qui serait insensible pourrait-il-être heureux ? Enfin ils habitent dans les intermondes et sont ainsi garantis du choc des

---

1) On retrouve les mêmes assertions dans la première des κύριαι δόξαι, chez Lucrèce, II, 646 ; V, 110, 165 ; Philod. Gomperz, 110, 113, 114, 121, 122, 123, 129, 136, 137, 138 ; Cicéron, De natura Deorum, I, 45, 46, 48, 50.

atomes, qui s'opposerait à leur tranquillité et par suite à leur bonheur [1].

Depuis Anaxagore, les philosophes ont dû examiner si les dieux sont corporels ou incorporels. On trouverait de nombreux arguments en faveur de la première opinion chez les stoïciens ; Platon et Aristote fourniraient en abondance des arguments opposés. Si Épicure eût voulu faire une théologie vraiment philosophique, il aurait donné, sur ce point, une solution précise et motivée. En effet, les dieux ne sauraient, dans son système, être ni corporels ni incorporels. Il n'y a que des corps, atomes ou composés d'atomes, et le vide dans lequel ils se meuvent. Or, il est impossible d'identifier les dieux avec le vide, car de tels dieux n'émettraient pas de simulacres et ils ne sauraient accomplir aucune des actions qui leur sont attribuées, puisque le vide n'agit pas. Ils ne sont donc pas incorporels, et les critiques que Velléius adresse à Anaxagore, à Platon, à Aristote, ne laissent aucun doute à ce sujet.

Ils ne sauraient davantage être corporels. En effet, nous ne pouvons les identifier aux atomes ; les atomes ne sont pas divisibles physiquement, et partant, ne sauraient donner naissance à des images ; ils n'ont aucune propriété sensible, et, par conséquent, ne répondent pas, de ce côté non plus, à ce que les épicuriens disent des dieux. Enfin les atomes sont toujours en mouvement, et Velléius critique vivement les philosophes qui, faisant mouvoir les dieux, suppriment une partie de leur essence, la béatitude.

Les dieux ne peuvent être des composés, car tout ce qui naît et s'accroît par la réunion des atomes, décroît et meurt par leur séparation [2].

Si l'on consulte les textes, on s'aperçoit que tacitement Épicure a fait les dieux matériels. D'après le Pseudo-Plutarque et Lucrèce, les dieux sont constitués par des parties ténues, analogues à cel-

1) Sextus, *Adv. Math.*, IX, 178 ; Lucrèce, V, 147 ; Cicéron, *Div.*, II, 40 ; Sénèque, *Benef.*, IV, 19.
2) Diog. Laërce, X, 74 ; *Plac. Phil.*, II, 4 ; Stob., *Eclog.* I, 118 ; Lucrèce, V, 105 sqq.

les qui composent notre âme¹. Mais nulle part on ne voit suffisamment expliquée cette assertion qui aurait pourtant grand besoin de l'être. Un passage obscur de Diogène Laërce nous donnerait, si l'on n'admet pas la correction de Gassendi, deux espèces de dieux, au lieu de nous montrer comment ceux dont nous nous occupons peuvent être corporels².

Chez Cicéron aussi l'explication est insuffisante. Les expressions par lesquelles les dieux sont désignés,.... *monogrammi*,.... *adumbrati*,.... *perlucidi*,.... *perflabiles*, ou par lesquelles on leur attribue quelque chose qui, sans être un corps ou du sang, est analogue à l'un ou à l'autre, *tanquam* ou *quasi corpus*, *tanquam* ou *quasi sanguis*, ne servent guère qu'à montrer l'impossibilité philosophique de résoudre la question, comme le peu d'importance que lui a accordé Épicure. Enfin le passage célèbre où Velléius avoue lui-même que ses paroles sont assez obscures, mais qu'il s'en rapporte à la pénétration de ses auditeurs, n'est guère propre qu'à rendre plus perplexe celui qui tiendrait absolument à savoir comment Épicure s'est tiré de cette difficulté³. Les interprétations qu'en ont tentées d'illustres historiens ou critiques, MM. Schwencke, Hirzel, Zeller, Woltjer, Mayor, J. Lachelier, Lange, sont souvent fort ingénieuses et dénotent des esprits vraiment philosophiques ; on voit, en les lisant, comment un dialecticien eût pu résoudre la difficulté ; aucune d'elles ne saurait être attribuée à l'école. Comme pour bien d'autres points, Épicure ne

---

1) *De Philosophorum placitis*, 882, C; Lucrèce, I, 1008; V, 154; VI, 76; V, 147; VI, 68.

2) Diog. Laërce, X, 139.

3) « Epicurus autem, ait Velleius, docet eam esse vim et naturam deorum, ut primum non sensu, sed mente cernatur, nec soliditate quadam, neque eadem ad numerum, sit, ut ea, quæ ille propter firmitatem στερέμνια appellat, sed imaginibus similitudine et transitione perceptis, quum infinita similarum imaginum series ex innumerabilibus individuis existat et ad nos affluat, cum maximis voluptatibus in eas imagines mentem intentam infixamque nostram intelligentiam capere, quæ sit et beata natura et æterna » (Mayor). — Sur les variantes proposées, sur les traductions anglaise, allemande et française de Mayor, de Hirzel, de M. J. Lachelier, sur les interprétations qui en ont été données et sur leur valeur au point de vue strictement historique, voyez *De Epicuro novæ religionis auctore*, p. 68 à 82.

dit pas sans doute à ses disciples : Croyez, parce que cela est absurde, mais croyez, quoique cela soit obscur. Pour trouver le bonheur, ne faut-il pas attribuer aux dieux l'éternité et la béatitude, et leur refuser tout ce qui est contraire à l'une et à l'autre ?

Ce n'est pas seulement à propos de la corporalité ou de l'immatérialité que la théologie positive d'Épicure ne satisfait pas un philosophe. Chacune des autres assertions qui la constituent pourrait donner naissance à des objections qu'Épicure n'a pas songé à résoudre et qu'il ne serait pas d'ailleurs facile d'écarter. Ainsi pourquoi l'essence des dieux consiste-t-elle dans l'éternité et la béatitude ? Ce n'est pas qu'Épicure n'ait ses raisons. D'un côté les dieux doivent être souverainement heureux pour fournir à l'homme un modèle qu'il soit intéressé à suivre. De l'autre, nous dit Velléius chez Cicéron, en raison de l'*isonomie*, il doit y avoir des êtres éternels, en nombre égal à celui des êtres périssables que représentent les mondes et leurs habitants. Mais qui ne voit que ce sont là des raisons de croyant ? car elles ne font que reculer la difficulté sans la résoudre. Pourquoi les dieux doivent-ils nous servir de modèle ? pourquoi y a-t-il *isonomie* ? C'est qu'Épicure le veut ainsi.

Velléius essaie encore de justifier Épicure qui a donné aux dieux la forme humaine. Toutes les nations, dit-il, estiment qu'elle est telle : c'est celle sous laquelle ils nous apparaissent le jour et la nuit ; enfin la raison nous dit que la vertu ne saurait exister chez des êtres qui n'auraient pas la forme humaine. Évidemment de tels arguments ne convaincront que ceux qui sont déjà persuadés. Il est d'ailleurs probable qu'Épicure ne les avait pas lui-même formulés et qu'il se bornait à montrer à ses disciples les statues qui, de tous côtés, frappaient leurs regards. Certes, il serait difficile de représenter les dieux sous une forme plus belle, et, pour des artistes, il n'était pas besoin d'autre argument. Mais comment des savants ou des philosophes pourraient-ils s'en contenter ? Et l'on conçoit les railleries de l'académicien Cotta, qui demande ce qui doit se produire dans un Olympe où il y a des sexes différents.

D'ailleurs, qu'est-ce que ces intermondes où sont logés les

dieux? Si les atomes n'y pénètrent pas et si les dieux ne sont pas ébranlés peu à peu et détruits par les vagues de cette mer qui sans cesse revient à la charge, comment des simulacres peuvent-ils de là arriver jusqu'à nous. Qu'est-ce que cette nourriture dont usent les dieux? D'une façon générale, pourquoi leur accorde-t-on ces attributs et non d'autres? C'est qu'Épicure l'a ainsi voulu, ce n'est pas qu'il y ait des raisons intrinsèques de le faire.

VI

La théologie négative d'Épicure est la partie la mieux connue de son système, parce qu'elle est en opposition avec presque toutes les doctrines religieuses ou philosophiques de l'antiquité. Les dieux n'ont ni créé, ni formé le monde; ils ne le gouvernent pas; ils ne dirigent pas les affaires humaines. Les philosophes grecs n'ont jamais cru à la création *ex nihilo*. Quand ils font appel à Dieu, comme Platon et les stoïciens, c'est pour leur faire former, avec une matière préexistante, le monde et les êtres qu'il renferme. Épicure reproduit Démocrite : *rien ne vient du non-être*. Si Lucrèce semble aller plus loin dans un vers célèbre, où il est question tout à la fois des dieux et de la création *ex nihilo* :

Nullam rem e nihilo gigni divinitus unquam,

son exposition tout entière montre qu'il n'a pas prévu une doctrine défendue surtout par les chrétiens. Comme Épicure et ses autres disciples, il semble s'opposer aux doctrines de Platon et des stoïciens pour qui les dieux forment, gouvernent le monde et les affaires humaines, pour qui le monde aussi parfait que possible, s'explique par un optimisme esthétique autant que moral. Les atomes sont éternels, éternel aussi est leur mouvement. C'est physiquement qu'a lieu la formation des mondes : par la rencontre des atomes, des essais informes se produisent qui sont aussitôt détruits, jusqu'à ce qu'apparaisse une œuvre moins imparfaite qui puisse tout au moins subsister pendant un certain nombre d'années. C'est physiquement aussi qu'on rend compte des êtres qui existent dans chacun de ces mondes;

là encore apparaissent des productions incomplètes qui ne sauraient vivre avant que se montrent ceux qui se perpétueront par la génération. Celle-ci, à son tour, n'est pas provoquée, ou favorisée, ou combattue par les dieux, en particulier par Vénus; c'est un phénomène tout physique [1]. C'est enfin à des causes naturelles que sont dus les phénomènes célestes dont l'apparition a, plus que toute autre chose, donné aux premiers hommes leurs opinions sur les dieux. Dans ce dernier cas, il faut recourir à plusieurs hypothèses : ceux dont les craintes ne seront pas apaisées par l'une trouveront peut-être dans les autres la force de renoncer aux fables.

Les dieux ne s'occupent pas des hommes : ils ne dirigent en rien leur vie, puisque l'homme est libre et se fait à lui-même sa destinée. Ils ne sauraient agir sur l'homme après la mort, puisque l'âme, composée d'atomes comme le corps, est détruite comme lui par leur séparation : donc il n'y a pas plus de divination que de providence.

On sait toutes les objections qui ont été faites à cette théologie négative; on en a rempli des volumes qui jamais ne semblent avoir converti un épicurien, ce qui montre, encore une fois, que les raisonnements n'ont guère plus d'action sur eux que sur tous ceux qui ont décidé de s'en rapporter à la foi et non à la raison.

De nos jours on a quelquefois interprété cette partie de l'épicurisme de telle façon qu'il ne serait plus ni une religion, ni même une philosophie, mais une systématisation scientifique analogue à celle qu'a tentée Auguste Comte. Cette interprétation, qui ruinerait notre thèse et ferait d'Épicure un moderne, a été soutenue par des hommes d'une autorité considérable [2]. Mais il semble qu'ils ont considéré la physique sans tenir compte de sa place dans l'ensemble et de son rapport avec la morale et la théologie. Certes, l'attention que les épicuriens ont accordée aux

---

1) Diog. Laërte, X, 118; Lucrèce, IV, 1046; V, 800 sqq.
2) F. André, traduction E. Lavigne, *Études sur la physique de Lucrèce*; Renan, *Dialogues philosophiques*, 54 : « L'école épicurienne, la grande école scientifique de l'antiquité »; Pouchet, *La biologie d'Aristote*, sub fine, etc.

sensations, l'importance qu'ils attachent aux phénomènes dont ils veulent donner une explication naturelle ont dû, plus d'une fois, les rapprocher des savants. Mais on pourrait en dire autant, pour des raisons différentes, d'Hippocrate, de Platon, de Démocrite, d'Aristote. La physique d'Épicure est pour lui un moyen, non un but. Tout d'abord, l'idée de présenter, pour les phénomènes qui ont frappé l'imagination des hommes, plusieurs hypothèses n'est pas scientifique ; en pareille matière, le savant cherche la qualité et non la quantité. D'ailleurs, pour qu'il y ait science, il faut des lois constantes. Or les destructions auxquelles les mondes sont sujets paraissent indiquer qu'il n'y a pas de lois telles pour Épicure. Bien plus, il nous dit lui-même que mieux vaudrait croire aux fables populaires sur les dieux que d'accepter le *fatum* des physiciens, c'est-à-dire cet enchaînement nécessaire de causes et d'effets que postule la science.

De fait, pour Épicure ou pour ses disciples, la physique n'a de valeur que si elle est une auxiliaire fidèle, voire même une servante dévouée de la théologie. Ainsi la treizième des Sentences qui résument sa doctrine affirme expressément que la physiologie[1] serait inutile si elle ne nous aidait à diriger notre vie, en ruinant les fables et en détruisant les craintes qu'elles provoquent. De même, la physiologie, nous dit-il dans la lettre à Hérodote, doit être employée à expliquer les météores, parce qu'elle nous aide ainsi à acquérir la béatitude. Des affirmations identiques se retrouvent dans la lettre à Pythoclès, chez Lucrèce, et tous ceux, disciples ou adversaires, qui nous ont transmis ses doctrines[2].

Pourquoi les dieux n'ont-ils donc ni formé le monde et ce

---

1) Épicure, qu'on peut rapprocher à ce point de vue des anciens physiologues, ne distingue pas entre la *physique* et la *physiologie*.

2) Lucrèce, I, 125, 143 sqq. ; II, 184, 1094, 1150 sqq. ; IV, 816, 221 sqq. ; V, 76, 114, 156, 195, 308 sqq. ; VI, 56, 763 sqq. — Cf. Cicéron, *De div.*, II, 101 ; *De N. D.*, I, Objections de Velléius contre Platon et les stoïciens ; *De finibus*, I, 64 ; Philodème, p. 10, 12, 28, 32, 40, 45, 60, 97, 114 sqq. ; Plutarque, *De def. orac.*, 420, 434 ; *De com. notit.*, 1075 ; *Nec posse suav. vivi sec. Epic.*, 1092, 1101 ; *Adv. Col.*, 1123 ; Sextus Emp., *Hyp. Pyrrh.*, I, 155 ; II, 5 ; Hippolyte, *Ref. haer.*, I, 22. — Tous ces textes sont cités, *De Epicuro novæ reli-*

qu'il renferme, ni dirigé la marche ultérieure des phénomènes et des affaires humaines? C'est qu'on ne voit pas comment, en ce cas, ils auraient cette éternité, cette béatitude et cette perfection qu'Épicure nous commande tout d'abord de leur reconnaître. Si on regarde le monde, on n'y aperçoit rien qui implique un dessein ou un art divins. Où d'ailleurs les dieux auraient-ils pu trouver des machines pour le construire? Comment seraient-ils heureux s'ils devaient le gouverner après l'avoir formé? Sans cesse des êtres naissent et périssent dans chacun des mondes, sans cesse des mondes naissent et périssent. Comment des dieux ainsi occupés pourraient-ils être tranquilles et heureux? Comment ne seraient-ils pas détruits avec les mondes qu'ils devraient parcourir? Ou comment les gouverneraient-ils s'ils ne les habitaient pas? Comment même pourraient-ils être présents par tout l'espace? D'un autre côté, les hommes sont malheureux et imparfaits. Si les dieux gouvernaient les affaires humaines, ce seraient des tyrans toujours à craindre qui nous empêcheraient d'améliorer notre existence, et nous astreindraient à la loi du destin. A coup sûr, ils ne sauraient eux-mêmes être ni heureux, ni parfaits. Ils ne le seraient pas davantage s'ils punissaient éternellement des fautes d'un moment, s'ils voyaient, sous leur gouvernement, les méchants heureux et les bons malheureux.

Ainsi les épicuriens ne sont pas de purs savants qui étudient les phénomènes naturels sans savoir s'il y a ou non des dieux, s'il faut donner ou non une explication métaphysique aux lois ainsi découvertes; ce sont des théologiens qui, partant de la conception qu'ils se sont faite des dieux, se servent d'une physique, dont l'exactitude même leur importe assez peu, pourvu qu'ils puissent sauvegarder leur idéal divin [1].

gionis auctore, ch. VI. — Nous rappelons en partie celui de Lactance, *De Ira Dei*, parce qu'il résume d'une façon très précise et très brève toute la doctrine : *Deus aut vult tollere mala et non potest, aut potest et non vult; aut neque vult neque potest, aut vult et potest*, etc.

1) Nous nous bornons à rappeler les objections de Ritter et de Zeller qui ont cru voir, chez Lucrèce, des passages contraires à la théologie négative que nous attribuons à Épicure. Nous les avons examinées ainsi que celles de Patin, qui a voulu trouver un anti-Lucrèce chez Lucrèce lui-même et nous

C'est à des conclusions identiques qu'on est conduit quand on passe en revue les objections faites aux théologies des autres philosophes par les épicuriens et notamment par Velléius et Philodème. Ils n'essaient même pas de comprendre exactement les doctrines adverses, ils se bornent à les tourner en ridicule et à les condamner, parce qu'elles sont différentes de celles du maître. Leurs objections nous expliquent fort bien encore pourquoi la théologie d'Épicure a été jugée si vaine par des hommes qui n'y voyaient rien de philosophique, mais elles nous permettent de conclure tout autrement, parce que nous n'y cherchons pas comme eux ce qu'Épicure n'a pas voulu donner.

VII

Rien peut-être dans cette théologie n'était plus propre à dérouter des philosophes que ce qui concerne les devoirs des hommes envers les dieux. D'un côté, en effet, on voit dans Épicure un moraliste qui veut régler toute notre conduite d'après l'intérêt bien entendu; volontiers on le rapproche de Bentham, pour qui la morale est une véritable arithmétique du plaisir. Mais d'un autre côté, les dieux ne peuvent rien faire pour changer, en notre faveur, le cours de la nature, ils ne s'occupent des hommes ni pour les tourmenter pendant leur vie ou après leur mort, ni pour les aider à sortir des situations difficiles. De ces prémisses, un bon logicien conclut que les prières sont inutiles, que les sacrifices ne servent de rien, que nous ne devons pas plus nous soucier des dieux qu'ils n'ont souci de nos affaires et de nous-mêmes. Qu'après avoir tiré cette conclusion, notre logicien — et quel philosophe ne l'est pas — ouvre les ouvrages d'Épicure ou de ses disciples; il en trouve qui traitent exclusivement de la

croyons y avoir suffisamment répondu en montrant, que pour les faire, on a dû isoler certains vers du contexte ou des passages qui les explique. Cf. l'ouvrage précédemment cité, p. 96 à 103. — En admettant même que ces objections fussent fondées, elles seraient un argument de plus en faveur de notre explication, puisqu'elles témoigneraient du peu de souci qu'on aurait eu dans l'école à éviter les contradictions, c'est-à-dire à donner une théologie qui satisfasse la raison.

piété et de la sainteté, il s'aperçoit, comme le dit Cotta, que ces auteurs parlent d'une façon telle qu'on croirait entendre un des grands pontifes de Rome. S'agit-il des prières, des fêtes, des sacrifices, tous les textes sont d'accord pour établir qu'Épicure accomplit, comme un véritable dévot, toutes les prescriptions du culte et que les épicuriens suivent fidèlement l'exemple du maître [1]. Il semble impossible de mettre d'accord des opinions si contradictoires et l'on s'accorde pour affirmer que la piété d'Épicure et des épicuriens ne saurait être sincère ; pour rétablir l'harmonie dans le système on les proclame impies et on ne tient aucun compte ni de leurs affirmations ni de leur manière de vivre. On ne saurait dire d'ailleurs que les prières, les sacrifices soient utiles ou même agréables aux dieux comme l'a pensé un poète contemporain :

> Il est quelqu'un dans ce monde où nous sommes
> . . . .
> . . . .
> Ce passant, ce pasteur, ce pèlerin, c'est Dieu !
> Le soir, il est bien las, il faut, pour qu'il sourie,
> Une âme qui le serve, un enfant qui le prie,
> Un peu d'amour !
>
> Victor Hugo, *La prière pour tous.*

En effet, selon Philodème, les dieux n'ont aucun besoin de nos prières, et on le comprend, puisque, s'il en était autrement, ils dépendraient des hommes et ne pourraient plus être heureux par eux-mêmes.

Mais ce qui ne saurait être expliqué par celui qui ne voit dans Épicure qu'un philosophe, ne le serait-il pas par celui qui en fait un croyant? Remarquons d'abord que c'est un argument fort peu valable que d'accuser d'hypocrisie, toute une école qui a eu de nombreux partisans pendant plus de sept cents ans. A supposer même que cette hypocrisie eût quelque avantage — et nous montrerons plus loin qu'elle eût été toute gratuite — on n'aurait pas

---

1) Voir surtout Philodème.

un autre exemple à citer d'une entente aussi complète entre des hommes de différentes nations et de différentes époques, pour tromper leurs contemporains et la postérité. Il y a de la piété épicurienne une explication fort simple. Qu'on se rappelle les raisons pour lesquelles Épicure affirme l'existence des dieux : la perfection des êtres représentés par nos visions du sommeil et de la veille est telle qu'on ne saurait leur dénier l'existence. Cette perfection implique la beauté, et un Athénien ne saurait refuser son admiration à ce qui est véritablement beau. L'admiration se transforme en culte quand il s'agit de la beauté suprême : *habet enim venerationem justam quidquid excellit*, nous dit Velléius chez Cicéron. C'est d'après Philodème une loi naturelle qui nous oblige à pratiquer la piété. Mais pourquoi rendre un culte aux dieux populaires ? C'est que, pour Épicure, le peuple se représente exactement les dieux, en tant qu'il ne les fait pas intervenir dans la direction de la nature ou des affaires humaines. Il suffit pour s'en convaincre de se rappeler le curieux passage où Philodème (p. 84) nous dit que les conceptions épicuriennes qui donnent aux dieux la forme humaine, peuvent bien plus facilement s'accorder avec les croyances populaires, que celles des stoïciens pour qui les dieux sont de l'air, du feu, etc. En vénérant les dieux de la multitude, l'épicurien n'adore pas tous ceux qu'il reconnaît, mais quelques-uns d'entre eux auxquels, d'ailleurs, il ne reconnaît que les attributs compatibles avec leur éternité et leur béatitude. Ainsi il est pieux, non qu'il craigne les dieux ou qu'il en espère quelque chose : *nulla spe, nullo pretio inductus*, comme dit énergiquement Sénèque (*De benef.*, IV, 19), il les honore comme des parents en raison de leur perfection singulière. C'est ce qu'ont fait les mystiques de tous les temps, quand ils ont recommandé d'aimer Dieu pour lui-même, sans tenir compte des récompenses qu'il pourra nous accorder ou des peines par lesquelles il punit les méchants [1].

Si donc un philosophe ne peut proposer une théologie telle

1) Qu'il nous suffise de renvoyer aux *Maximes des saints* de Fénélon : « Il est dans cette vie un état de perfection, dans lequel le désir de la récompense et la crainte des peines n'ont plus lieu. »

que celle d'Épicure, on comprend fort bien qu'elle soit l'œuvre d'un croyant plus préoccupé de la pratique que de la spéculation. D'ailleurs si les dieux ne nous récompensent pas de notre piété, il ne faut pas croire qu'elle soit pour nous infructueuse. En contemplant leur perfection, nous avons un modèle qu'il nous suffit de suivre pour obtenir la tranquillité et le bonheur. Les théories sur la piété rejoignent ainsi les théories sur l'amitié : au-dessus des affections intéressées, qui ont pour but l'avantage personnel, il y a celles dans lesquelles on ne songe qu'à la perfection et au bonheur des amis étroitement unis. De même, au-dessus de la piété intéressée, que semblent avoir seule connue les anciens Grecs, il y a la piété de celui qui s'oublie soi-même pour se confondre en quelque sorte avec la suprême perfection à laquelle il rend hommage [1].

VIII

Nous avons vu, chemin faisant, pourquoi, pour des philosophes, la théologie d'Épicure contre laquelle s'élèvent une infinité d'objections, qui présente des difficultés insurmontables et des contradictions manifestes ne saurait être une œuvre vraiment sérieuse. Aussi du vivant d'Épicure, comme après sa mort, pendant l'antiquité et pendant les temps modernes, on a soutenu qu'Épicure était un véritable athée. Il est curieux de voir les épicuriens et tous leurs adversaires se rejeter mutuellement les accusations d'athéisme. Bornons-nous ici [2] à rappeler brièvement que, par le contenu de sa théologie, Épicure ne saurait être pris pour un athée. L'historien impartial n'a pas d'ailleurs à en examiner la valeur : il doit se demander uniquement si

---

1) Sur la piété chez les Épicuriens, cf. Philodème, p. 126, 128, etc.; Lucrèce qui retourne comme tous les autres épicuriens l'accusation d'impiété et d'immoralité contre ses adversaires, I, 74; III, 47; V, 198, 1195, etc. Cicéron, *N. D.*, passim; Diogène, X, 123; Plutarque, *Adv. Col.*; *De Athenneo*, 4, 27, etc. Sur ces textes et leur interprétation, cf. *De Epicuro novæ religionis auctore*, p. 103 à 111.

2) Cf. le ch. VIII de notre ouvrage précédemment cité.

elle existe. Or, Épicure invoque le consentement universel, il donne, en germe tout au moins, l'argument ontologique et, s'il laisse de côté les preuves tirées de l'existence d'un premier moteur et des causes finales, c'est que, comme Descartes et comme bien d'autres, il estime suffisantes celles qu'il a indiquées ; c'est surtout qu'il croit et qu'il demande à ses disciples de croire à l'existence des dieux. Sur leur essence, il pose, avec les philosophes et les théologiens, qu'il faut les considérer comme parfaits. S'il est en désaccord avec eux sur ce qui doit constituer leur perfection, c'est qu'il la conçoit d'une façon originale et qu'il veut rompre avec tous ceux qui l'ont précédé, pour établir une religion nouvelle à la place de celle qui est morte avec l'indépendance des Grecs. Sans doute, les dieux n'ont pas formé le monde et ne le gouvernent pas. Mais les doctrines qui admettent la création constituent un véritable aveu d'ignorance en face du dualisme et du panthéisme.

Le pessimisme met en ligne des arguments formidables contre la Providence. Selon Aristote, Dieu ne connaît pas le monde. Enfin Épicure n'a refusé aux dieux toute action dans la production et la conservation des choses que pour maintenir leur perfection. On peut prétendre qu'il est allé ainsi contre son but, on ne saurait, pour cette raison, l'accuser d'athéisme.

Donc on ne peut contester l'existence d'une théologie épicurienne. Mais, avons-nous dit déjà, on nie la sincérité d'Épicure et on affirme, qu'en réalité, il a supprimé les dieux. En bonne logique, ce serait à ceux qui émettent une telle prétention à la justifier ; mais, comme le dit Gassendi, *celui-là seul qui peut scruter les reins et les cœurs serait capable de le dire*. Ce qu'ils ne peuvent faire est facile pour leurs adversaires. Épicure n'a pas vécu à une époque d'Inquisition, où, par le seul fait de nier l'existence des dieux, on pouvait être condamné aux peines les plus graves et même à la mort [1]. Au moment même où il fondait son école à Athènes, les habitants recevaient, comme un

---

1) Cf. Martha, *Le poëme de Lucrèce*, p. 76 ; Hauvette-Besnault, *De Archonte, rege* ; Fustel de Coulanges, *La cité antique*, p. 122, 197, 230, 265.

dieu, Démétrius Poliorcète, et dans un chant composé en son honneur, ils disaient des autres dieux, ou qu'ils n'existent pas, ou qu'ils ne s'occupent pas des affaires humaines [1]. Comment les Athéniens auraient-ils su mauvais gré à Épicure de répéter ce qu'ils avaient chanté eux-mêmes? Épicure n'avait donc aucune raison de constituer une théologie à laquelle il n'aurait pas cru.

Bien plus, pour lui comme pour Pyrrhon et Zénon, la morale est la partie essentielle de la philosophie. Or, ce qu'il cherche avant tout c'est le plaisir, mais le plaisir défini par l'absence de douleur, ou mieux encore par l'ataraxie. Tous les textes nous montrent que l'idéal poursuivi par l'homme est réalisé dans la conception épicurienne des dieux; il n'y a pour nous qu'une chose à faire, c'est d'imiter, autant que nous le pouvons, leur existence exempte de soucis et de peines [2]. Ainsi la théologie domine le système, et en nous indiquant ce que sont les dieux et ce qu'ils ne sont pas, elle nous apprend ce que nous devons être, partant ce que nous pouvons réaliser, si nous voulons faire usage de notre liberté [3].

Mais nous n'avons pu établir l'importance de cette théologie qu'en faisant d'Épicure un croyant, un homme qui se laisse guider par la foi [4]. On comprend ainsi qu'il ne se soucie pas de former un système où tout se lie et s'enchaîne. Ce qu'il veut, c'est

1) Ce chant nous a été conservé par Athénée, VI, f. 253. Nous l'avons reproduit et commenté, p. 42 sqq. du travail en latin sur Épicure.

2) Diog., X, 136, 141, 144, 146, 151, 128, 133, 132, 123, 121, 133; Lucrèce, II, 640; III, 14, 323; I, 8 sqq.; Velleius ap. Cicér., De N. D., I, 37; Cicéron, De finib., I, 18, 19; II, 27.

3) Voir un jugement analogue dans Lange, Ges. des Mater., I, 93 : « Ses dieux insouciants et exempts de douleur, personnifiaient en quelque sorte le véritable idéal de sa philosophie. » — C. Martha, op. cit., 6 : « Épicure fit de la vie divine comme un idéal de la vie humaine » ; 335 : « la théologie est le cœur du système où toute l'énergie s'est ramassée » ; 364 : « La sagesse nous procure, selon Épicure, une vie semblable à celle des dieux. » — Crouslé, op. cit., p. 211 : « La vie des dieux de Lucrèce est l'insensibilité parfaite et c'est aussi l'idéal que le sage épicurien se propose, qu'il le sache ou non. »

4) Les expressions de la lettre à Ménécée περὶ αὐτοῦ δόξαζε, crois sur Dieu tout ce qui n'est pas en opposition avec son éternité et sa béatitude, celles de Cicéron, fidenter ut solent, sont caractéristiques.

non pas une connaissance complète des dieux, comme la désirent les philosophes, mais une connaissance qui donne naissance à la piété, par laquelle on atteindra la vie bienheureuse. Nuit et jour il contemple cette perfection suprême ; plus heureux que le sculpteur et le peintre, qui ne sauraient modifier l'idéal rêvé par eux quand ils l'ont fait passer dans le marbre ou sur la toile, il peut sans cesse augmenter la perfection de son œuvre, et de plus en plus se rapprocher de ses modèles. Son enthousiasme n'est pas diminué, comme il le serait s'il ne suivait que la raison, par la vue des imperfections qu'il laisserait nécessairement dans ses conceptions ; il ne veut voir en Dieu que ce qu'il estime souverainement parfait, le reste est pour lui comme s'il n'existait pas. C'est un croyant, c'est un mystique, c'est véritablement le fondateur d'une religion nouvelle.

C'est d'ailleurs à la façon de ceux qui se proposaient de faire accepter aux Grecs des dieux nouveaux qu'il se présente à Athènes ; il a avec lui des étrangers, des femmes, des esclaves [1]. Comme les plus remarquables d'entre eux, il veut arracher ceux auxquels il s'adresse à leur misérable situation, et faire leur salut [2]. Aussi a-t-il une véritable théorie sur la conversion : il faut distinguer ceux qui vont tout seuls à la sagesse, ceux qui ont besoin d'un guide, ceux qu'on doit pousser et violenter (I, *Sen.*, Lettre 52). Une lettre de Cicéron à Trébatius et les vers de Lucrèce à Memmius nous montrent que les disciples cherchaient, comme leur maître, à convertir ceux auxquels ils s'intéressaient. Avant Sénèque, qui s'est si souvent inspiré de lui, il a été un *directeur de conscience*.

Épicure avait des tendances à se croire un être sacré. Ses disciples, comme cela est arrivé plus d'une fois aux fondateurs de religion, en ont fait un dieu. Colotès, Torquatus, Velléius, Philodème et Lucrèce égalent le maître qu'ils célèbrent aux dieux

---

1) Foucart, *Des associations religieuses chez les Grecs*, 5 : « Les thiases et les éranes étaient ouverts aux femmes, aux étrangers, aux personnes de condition ou d'origine servile. »

2) Cf. Senec., *Ad. huc.*, 28 et 10 : « Egregie mihi hoc dixisse videtur Epicurus : initium est *salutis* notitia peccati... Iste homo non est unus e populo, ad *salutem* spectat.

qu'il leur a fait connaître; ses paroles sont pour eux divines ou célestes, quelquefois même des oracles. Aussi acceptent-ils sans les discuter ses doctrines; les difficultés qu'il n'a pas soulevées, ils ne les voient pas; les objections qu'il n'a pas discutées, ils les passent sous silence; les critiques mordantes et quelquefois peu justifiées qu'il adresse à ses adversaires, ils les répètent comme des articles de foi. Pendant plus de sept siècles, la doctrine prospère dans les pays les plus divers et on ne cite aucune hérésie : tous les historiens reconnaissent que les épicuriens se distinguent par leur fidélité aux doctrines du maître. L'histoire des philosophies ne nous fournirait pas un exemple analogue; à peine en trouverait-on dans celle des religions. C'est qu'Épicure ne procède pas comme les philosophes, c'est que, parmi les théologiens, il est un de ceux qui, s'appuyant le plus constamment sur la foi, n'ont guère à craindre les hérésies qui, presque toujours, proviennent de l'usage de la raison.

Les assemblées des disciples sont fréquentes et ressemblent à des fêtes religieuses; il y en a pour célébrer la naissance du maître. Dans une charmante épigramme, Philodème invite son ami Pison à assister à l'une d'elles : « On y verra, dit-il, des amis sincères, on y entendra des sons plus doux que tout ce qu'on nous vante de la terre des Phéaciens[1]. » La musique, dont les religions ont reconnu l'heureuse influence pour préparer leurs adhérents à écouter leurs enseignements, jouait ainsi un rôle considérable dans les réunions épicuriennes.

Non seulement Épicure a fondé une religion, mais il lui a donné des bases si solides qu'elle a duré plus longtemps que bien d'autres, en présence des philosophies rivales et des religions qui existaient au moment de son apparition ou qui prirent naissance par la suite.

En comprenant ainsi l'épicurisme, on s'explique aussi l'hostilité constante dont il a été l'objet; les philosophes l'ont combattu, parce qu'il ne tenait que très peu de compte de la raison; les partisans des diverses religions se sont montrés plus sévères pour

---

1) Cf. Martha, *Le poème de Lucrèce*, p. 349.

lui que pour toute autre philosophie, parce qu'ils ont senti confusément qu'il se plaçait sur leur propre terrain, et que par conséquent, il avait pour disciples des hommes qui auraient dû figurer à leurs côtés et travailler à la propagation de leurs croyances.

F. Picavet.

ANGERS, IMP. A. BURDIN ET Cie, 4, RUE GARNIER, 4.

ERNEST LEROUX, ÉDITEUR
28, RUE BONAPARTE, 28

MÉMOIRES PUBLIÉS PAR LES MEMBRES
DE LA
MISSION ARCHÉOLOGIQUE FRANÇAISE AU CAIRE

TOME I

PREMIER FASCICULE : U. BOURIANT. Deux jours de fouilles à Tell-el-Amarna. — V. LORET. Le tombeau de l'Amxent Amen-Hotep. — U. BOURIANT. L'église copte du tombeau de Déga. — V. LORET. La stèle de l'Amxent Amen-Hotep. — H. DULAC. Quatre contes arabes en dialecte cairote. — V. LORET. La tombe de Kham Ha.

In-4°, avec planches noires et en couleur. 25 fr.

DEUXIÈME FASCICULE : G. MASPERO. Trois années de fouilles dans les tombeaux de Thèbes et de Memphis. — U. BOURIANT. Les papyrus d'Akhmîm. — V. LORET. Quelques documents relatifs à la littérature et à la musique populaires de la Haute-Égypte.

In-4°, avec 9 planches en couleur, 2 planches noires, 10 planches de musique. 40 fr.

TROISIÈME FASCICULE : U. BOURIANT. Rapport au Ministre de l'Instruction publique sur une mission dans la Haute-Égypte (1884-1885). — P. RAVAISSE. Essai sur l'histoire et sur la topographie du Caire, d'après Makrizi (Palais des Khalifes Fatimites). Avec plans en couleur. — PH. VIREY. Étude sur un parchemin rapporté de Thèbes. Avec une héliogravure du papyrus en 4 planches.

In-4°. 30 fr.

QUATRIÈME FASCICULE : LES MOMIES ROYALES DE DEIR-EL-BAHARI, par G. MASPERO.

In-4°, avec 27 planches. 50 fr.

TOME II

LES HYPOGÉES ROYAUX DE THÈBES, par E. LEFÉBURE. 1re partie. Le tombeau de Séti Ier, publié in extenso avec la collaboration de U. BOURIANT et V. LORET, membres de la Mission archéologique du Caire et avec le concours de M. ÉDOUARD NAVILLE.

In-4°, avec 27 planches. 75 fr.

TOME III

PREMIER FASCICULE : LES HYPOGÉES ROYAUX DE THÈBES, par E. LEFÉBURE. 2e partie. Notices des HYPOGÉES publiées avec la collaboration de MM. ED. NAVILLE et ERN. SCHIAPARELLI.

In-4°, avec planches. 35 fr.

DEUXIÈME FASCICULE : LES HYPOGÉES ROYAUX DE THÈBES, par E. LEFÉBURE. 3e partie. Tombeau de Ramsès IV.

In-4°, avec planches. 25 fr.

TROISIÈME FASCICULE : AL. GAYET. Les monuments coptes du Musée de Boulaq. Catalogue des sculptures et stèles ornées de la salle copte du Musée de Boulaq.

Un volume in-4°, avec 100 planches, dont deux en chromolithographie. 40 fr.

QUATRIÈME FASCICULE : P. RAVAISSE. Essai sur l'histoire et sur la topographie du Caire, d'après Makrizi (Palais des Khalifes Fatimites) 2e partie avec plans. — Supplément aux Monuments coptes du Musée de Boulaq, par AL. GAYET. — Planches supplémentaires pour les Fouilles de Thèbes et de Memphis de M. MASPERO. 20 fr.

ERNEST LEROUX, ÉDITEUR
RUE BONAPARTE, 28

TOME IV

MONUMENTS POUR SERVIR A L'HISTOIRE DE L'EGYPTE CHRÉTIENNE AUX IV⁰ ET V⁰ SIECLE. Documents coptes et arabes inédits, par E. AMÉLINEAU.
Un fort volume in-4°: 60 fr.

TOME V

Premier fascicule : PH. VIREY. Le Tombeau de Rekhmara.
In-4°, avec planches. 40 fr.

Deuxième fascicule : PH. VIREY. Tombeaux thébains de la XVIII⁰ et de la XIX⁰ dynasties, avec planches. 40 fr.

Troisième fascicule : G. BÉNÉDITE, BOURIANT, BOUSSAC, MASPERO, CHASSINAT. Tombeaux thébains. Un volume in-4°, avec planches en couleur. 40 fr.

Quatrième fascicule : Tombeaux thébains, par le P. SCHEIL. (Sous presse.)

TOME VI

Premier fascicule : G. MASPERO, membre de l'Institut. Fragments de la version thébaine de l'Ancien Testament. Texte copte.
In-4°. 20 fr.

Deuxième fascicule : G. MASPERO. Suite et fin des Fragments. — SCHEIL. Tablettes de Tell-el-Amarna. — CASANOVA. Une sphère arabe. — Notice sur les stèles arabes appartenant à la Mission du Caire.
In-4°, 25 fr.

TOME VII

PRÉCIS DE L'ART ARABE, par J. BOURGOIN.
In-4°, avec 300 planches. 150 fr

TOME VIII

Premier fascicule : Actes du concile d'Ephèse, texte copte, publié et traduit par U. BOURIANT.
In-4°. 15 fr.

Deuxième fascicule : Vie de l'Apa Victor, texte copte thébain, publié par U. BOURIANT. — DARESSY. Cônes funéraires. (Sous presse.)

TOME IX

Premier fascicule : BAILLET. Le Papyrus mathématique d'Akhmîm. — U. BOURIANT. Fragments du texte grec du livre d'Enoch, et de quelques écrits attribués à saint Pierre.
In-4°, avec planches. 30 fr.

Deuxième fascicule : Φίλωνος περὶ τοῦ τίς ὁ τῶν θείων ἐστὶν κληρονόμος ἢ περὶ τῆς εἰς τὰ ἴσα καὶ ἐναντία τομῆς. Φίλωνος περὶ γενέσεως Ἄβελ καὶ ὧν αὐτός τε καὶ ὁ ἀδελφὸς ἱερούργουσι. Deux traités de Philon, réédités d'après un papyrus du vi⁰ siècle environ, par V. SCHEIL, O. P.
In-4° avec 4 planches. 16 fr.

TOMES X et XI
(*En cours de publication*)

LE TEMPLE D'EDFOU, publié in extenso, par Le Mis DE ROCHEMONTEIX, avec nombreuses planches.
1re livraison. In-4°. 30 fr.

TOMES XII et XIII
(*En cours de publication*)

LE TEMPLE DE PHILÆ, par G. BÉNÉDITE, et Recueil des inscriptions grecques, par J. BAILLET.

TOME XIV
(*En préparation*)

LE TEMPLE DE LOUXOR, par A. GAYET.

TOME XV

LE TEMPLE DE MÉDINET-ABOU, par U. BOURIANT. Premier fascicule comprenant environ 50 planches. (Sous presse.)

TOME XVI
(*En préparation*)

LE TEMPLE DE DEIR-EL-MÉDINEH et LE TEMPLE DE BEHENI (Wadi-Alfa), par G. BÉNÉDITE.

www.ingramcontent.com/pod-product-compliance
Lightning Source LLC
Chambersburg PA
CBHW060539050426
42451CB00011B/1786